AF399824

YOUTUBE

La plataforma de vídeo que
revoluciona el mundo digital

Por Charlotte Bouillot
Traducido por Laura Bernal Martín

Economía y empresa   50MINUTOS.es

LAS CLAVES PARA EL ÉXITO

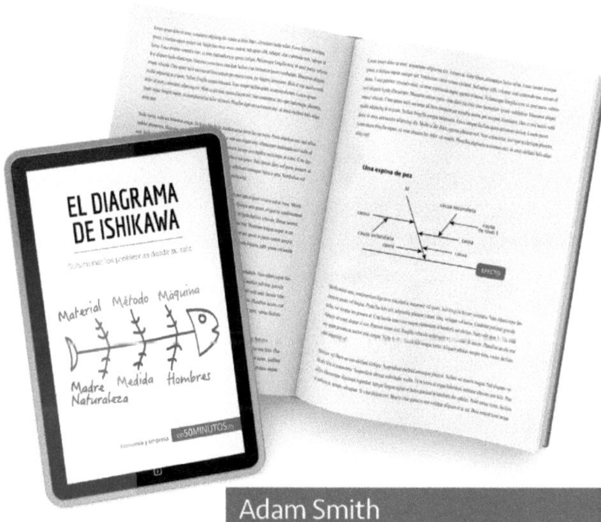

Adam Smith

El principio de Pareto

El estrés laboral

La pirámide de Maslow

www.50minutos.es

YOUTUBE, EL COMIENZO DE LA REVOLUCIÓN DEL VÍDEO EN INTERNET

Transmitir un mensaje político, aprender a reparar una estufa, ver un fragmento de una película o videoclips de artistas de todo el mundo, descubrir cómo la gente vive en una isla al otro lado del océano... Las posibilidades son infinitas para los millones de internautas que visitan YouTube cada mes y que consumen de manera gratuita unas seis mil millones de horas de vídeos.

Lo que en un principio no aspiraba a ser más que una plataforma en la que compartir vídeos representa ahora casi el 4 % de las páginas visitadas en internet en todo el mundo. A algunos no les tiembla la voz al afirmar que YouTube ha cambiado la faz de la Tierra: la página la ha vuelto más pequeña y accesible. Ha abierto una nueva puerta de acceso a la fama, ha dotado a causas políticas y a distintas iniciativas de una voz y ha revolucionado la forma en que nos entretenemos y aprendemos.

Al transformar por completo el panorama audio-visual mundial, el proyecto plantea cuestiones jurídicas, económicas y técnicas inherentes a cualquier novedad. Adquirida menos de dos años después de su creación por el gigante de internet estadounidense Google, la empresa evoluciona al ritmo de la sociedad que la vio nacer y de los comportamientos de los usuarios que la apoyan. En 2015, YouTube celebra su décimo aniversario y, actualmente, debe mantener su posición de líder en el sector altamente competitivo pero muy lucrativo del vídeo a la carta, enfrentándose a potentes competidores que cuentan con medios colosales.

DATOS PRINCIPALES

- **¿Fundadores?** Chad Hurley (empresario estadounidense, nacido en 1977), Steve Chen (empresario taiwano-estadouni-dense, nacido en 1978) y Jawed Karim (informático y empresario germano-esta-dounidense, nacido en 1979).
- **¿Fecha de creación?** El nombre de do-

minio *youtube.com* se registra el 14 de febrero de 2005.

- **¿Lanzamiento comercial?** En mayo de 2005 se hace pública una versión beta del sitio web, y su lanzamiento oficial tiene lugar en noviembre del mismo año.
- **¿Sector de actividad?** Alojamiento de vídeos en línea.
- **¿Datos clave?**
  - Junio 2006: casi 20 millones de visitantes únicos mensuales.
  - Octubre 2007: 100 millones de vídeos vistos cada día en todo el mundo.
  - Octubre 2009: mil millones de vídeos vistos al día.
  - Mayo 2010: 2000 millones de vídeos vistos al día por cerca de 500 millones de visitantes mensuales.
  - Octubre 2010: mil millones de suscriptores a los distintos canales de YouTube (creados por los usuarios).
  - Mayo 2011: más de 3000 millones de vídeos vistos al día, y 48 horas de vídeos publicados cada minuto en el sitio web.
  - Mayo de 2012: más de 72 horas de vídeos cargados cada minuto en el sitio web;

4000 millones de vídeos vistos cada día por 800 millones de usuarios en todo el mundo (incluidos 136 millones de los Estados Unidos).
- Mayo de 2013: mil millones de usuarios, y más de 100 horas de vídeos publicados cada minuto en el sitio web.
- Noviembre 2014: más de 300 horas de vídeos publicados cada minuto en el sitio web.
- Febrero de 2017: unas 400 horas de contenido de vídeo subido a YouTube cada minuto, 1000 millones de horas de contenido visualizado al día.

- **¿Palabras clave?**
  - <u>Blog</u>: sitio web en el que un internauta publica regularmente artículos personales o dedicados a un tema bien definido. Un blog —palabra que nace de la asociación de las palabras inglesas «web» y «log»— se puede traducir en español como «registro web», «bitácora» o «diario digital». Se caracteriza por una gran libertad de expresión, a diferencia de los medios institucionales que siguen una línea editorial precisa, y

por una gran interactividad con los lectores a través de enlaces de hipertexto, comentarios y conexiones con las redes sociales.

° <u>Vlog</u>: se trata de un blog con contenido de vídeo, videoblog o televisión web. Esta nueva forma de blogueo combina grabaciones, textos y/o imágenes para crear una página web informal sobre todo tipo de temas. YouTube es en la actualidad la plataforma de vlogging más grande del mundo, y alberga el mayor número de publicaciones diarias consecutivas en un blog personal: el del estadounidense Charles Trippy, con 3057 vídeos a fecha de 14 de septiembre de 2017 (Guinness World Records 2017).

° <u>Derechos de autor o *copyright*</u>: derecho de reproducción reservado, o derecho exclusivo de un autor o de su representante para explotar una obra literaria, artística o científica.

CONTEXTO

DEL BLOGUEO...

Hoy en día resulta difícil recordar los inicios de la década de 2000, cuando la creación de una página web y el intercambio de contenido en línea estaba reservado a un selecto grupo de ingenieros informáticos que dominaban el HTML.

¿SABÍAS QUE...?

El lenguaje HTML (HyperText Mark-Up Language) es uno de los tres inventos que se esconden tras la World Wide Web, junto con el protocolo HTTP y las direcciones web. Se trata de un estándar desarrollado a principios de los años noventa que permite escribir un documento web con elementos de formateo y enlaces a otros contenidos web.

Blogger.com se lanza en agosto de 1999, para «ayudar a la gente a hacer oír su voz en la red y para organizar la información global desde su propia perspectiva»[1] (Blogger s. f.). La plataforma de *software* es gratuita hasta un cierto nivel de servicio, y hace que sea fácil publicar contenido en la red. A pesar de sus difíciles inicios, el sitio web reúne a más de un millón de usuarios y es comprado por Google 4 años después de su creación. Se trata de una adquisición estratégica para el gigante de la red: la popularidad de los blogs está creciendo y promete generar cambios significativos en la difusión de información en línea. En un momento en que los principales medios de comunicación están controlados por las multinacionales, el blog parece ser una valiosa herramienta de comunicación para las asociaciones y comienza a infiltrarse en la es-fera política, universitaria y empresarial. Según David Krane, entonces director de comunicación interna de Google, es «un fenómeno global de la autoedición que conecta a los usuarios de inter-net con diferentes puntos de vista y hace posible comentar y participar» (Gillmor 2003).

---

1. Todas las citas han sido traducidas por 50Minutos.es

...AL VLOGGING

YouTube no es el primer servicio de alojamiento de vídeo en línea (*shareyourworld.com* existe desde 1997, por ejemplo), pero es el que marca la transición a un nuevo modo de funcionamiento. Mientras que antes era necesario descargar un archivo para visualizarlo, la tecnología del *streaming* (es decir, la emisión en continuo) permite ahora visualizar el flujo de vídeo mientras se reproduce. El sitio web es gratuito, a diferencia de la mayoría de los proveedores de alojamiento de contenido, que utilizan sistemas de suscripción de pago. Las imágenes se integran directamente en el sitio a través de los principales navegadores web. Ya no es necesario instalar y dominar un *software* específico para cargar o descargar sus contenidos (imágenes, música, vídeos) ni trabajar en la codificación, compresión o forma de los mismos en la plataforma. Y una vez que las grabaciones están en línea, compartirlas en tu página web o en las redes sociales se convierte en un juego de niños. A partir de junio de 2005, es decir, solo 4 meses después de la creación del sitio web, es posible integrar un reproductor de vídeo de YouTube en cualquier página web.

El que en ese momento muchos sitios web te permitan compartir fotos de forma gratuita se debe sobre todo a la venta de imágenes digitales o regalos personalizados. Por otra parte, aunque el uso compartido de vídeo en línea ofrece infinitas posibilidades a los usuarios de internet, todavía no ha encontrado su modelo económico. Jakob Lodwick, uno de los fundadores de Vimeo, el sitio web comunitario estadounidense fundado en noviembre de 2004, dice: «Lanzamos el sitio web para ver qué pasaba» (citado por Graham en US Today 2005).

En julio de 2006, un vídeo en YouTube acumula más de un millón de visitas: se trata de un anuncio del fabricante estadounidense de ropa deportiva Nike con el futbolista brasileño Ronaldinho, que se convierte en un fenómeno viral. La marca es una de las primeras en percibir el potencial promocional de la plataforma. Según el gabinete Hitwise Inc. de Nueva York, el sitio web atrae a casi la mitad de todos los usuarios de internet estadounidenses que buscan vídeos en línea a finales de septiembre de 2006. Un tráfico que la plataforma comienza a monetizar en agosto de 2007 integrando anuncios publicitarios en los vídeos.

INICIOS

LOS FUNDADORES

Jawed Karim publica el primer vídeo en la historia de YouTube el 23 de abril de 2005. «Me at the zoo» presenta al joven ingeniero informático en el zoológico de San Diego, hablando durante 18 segundos sobre el tamaño de la trompa de los elefantes. Desde entonces se ha visto más de 30 millones de veces (https://www.youtube.com/watch?v=jNQXAC9IVRw).

Este joven graduado de la Universidad de Illinois forma parte de un trío formado en PayPal —el servicio de pago en línea creado en 1998 en California y adquirido por eBay en 2002— que funda YouTube en 2005. Nacido en Alemania en 1979, es hijo de químicos, bengalí por parte de su padre y alemán por parte de su madre. Toda su familia emigra a los Estados Unidos cuando ingresa a la escuela secundaria.

Junto con Steve Chen, un empresario estadounidense de origen taiwanés que también se gradúa en la Universidad de Illinois, se encarga de los aspectos técnicos del desarrollo del sitio web. Después de PayPal, Chen trabaja durante unos meses para Facebook, la red social estadounidense creada en 2004 en la Universidad de Harvard, puesto que deja para lanzar YouTube y dirigir el departamento técnico de la empresa. Jawed Karim elige trabajar como consultor externo al tiempo que continúa sus estudios de Informática.

Chad Hurley, el tercero en discordia, registra la marca, el logotipo y el nombre de dominio de *youtube.com* el 14 de febrero de 2005, y ocupa el puesto de director ejecutivo de la empresa hasta octubre de 2010. El joven empresario estadounidense, deportista y artista, obtiene una Licenciatura en Informática y Bellas Artes por la Universidad de Indiana en Pensilvania. Tras acabar sus estudios, se entera del próximo lanzamiento de PayPal y ofrece sus servicios para el diseño del logotipo de la empresa. Junto con Steve Chen y Jawed Karim, se convierte en uno de los primeros empleados de la compañía californiana, que los tres abandonan unos años más tarde con algunos ahorros en el bolsillo con el objetivo de lanzar YouTube.

En noviembre de 2005, la empresa de capital de riesgo Sequoia Capital, con sede en California y conocida por su participación en la financiación de los Cisco Systems, Oracle, Apple y Google, invierte 3,5 millones de dólares en la plataforma, lo que permite a YouTube aumentar su ancho de banda, mejorar el rendimiento del servidor y lanzar una versión pública del sitio web.

Primera página de inicio de YouTube

En 2011, Hurley y Chen fundan otra nueva empresa, AVOS Systems, para lanzar conjuntamente la aplicación móvil para compartir vídeos MixBit en 2013. En esa época, afirman de nuevo: «Creemos que el vídeo es una materia viva, que respira, y que la creatividad es un proceso colaborativo» (Moscaritolo 2013).

Un repertorio infinito y accesible para todos

Como su nombre y su eslogan «Broadcast yourself» (es decir, «retransmítete a ti mismo») indican, el propósito del sitio web es darle a la gente la oportunidad de crear y difundir sus propios vídeos. Entrevistado en 2007 por la revista de la Universidad de Pensilvania, Chad Hurley explica:

> «Ninguno de nosotros tenía experiencia en el campo, pero nos dimos cuenta de que la gente necesitaba poder compartir vídeos, especialmente desde sus teléfonos móviles. La mitad de las veces, ver los vídeos en línea no funcionaba. Así que decidimos ver si era posible simplificar todo esto con el formato de vídeo Flash» (Gresh 2007).

Las funciones básicas de YouTube son muy sencillas: subir vídeos al sitio web, ver vídeos publicados por otros usuarios e interactuar con ellos publicando comentarios y respuestas de vídeo. Para ver el contenido en línea sin necesariamente participar en la vida de la plataforma ni siquiera es necesario registrarse o crear una cuenta.

Tampoco instalar un *software* en particular. Es tan simple como encender la televisión, solo que en este caso tienes acceso a contenido de todo el mundo, sobre todo tipo de temas, disponible de forma gratuita y a la carta. ¡No es de extrañar que esta página web haya cosechado un éxito tan rápidamente!

La telerrealidad más lograda

Al permitir que los usuarios de todo el mundo publiquen sus vídeos personales en la red, el sitio web ofrece a los usuarios de internet una herramienta de comunicación ilimitada, ya sea para dar testimonio de su vida cotidiana, defender una causa o revelar sus talentos. Según la empresa estadounidense de investigación, análisis y consultoría en mercadotecnia IDC, en 2005 se graban 34 millones de gigabits de vídeos, frente a 24 millones de gigabits en 2004, gracias a la llegada de pequeñas cámaras digitales. Para poner todos estos contenidos en línea en YouTube, solo hay que crear una cuenta de usuario y escribir un título y una breve descripción del vídeo.

«La gente tiene muchas experiencias y quiere compartirlas. Es de esto de lo que se trata.

Número de horas de vídeo subido a la plataforma cada minuto (2008-2014)

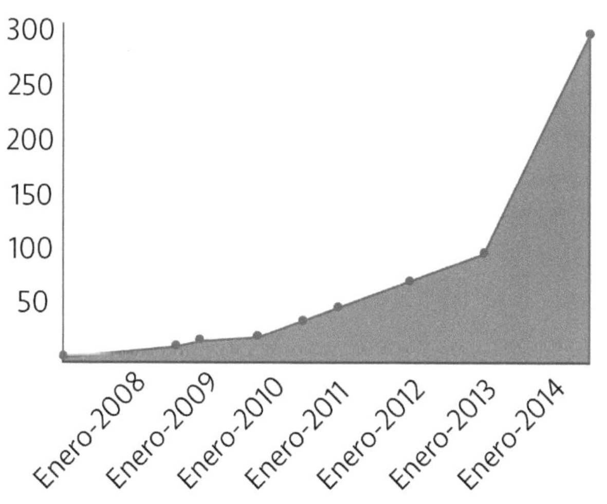

Fuente: *youtube.com*

Muchas celebridades modernas han comenzado su trayectoria en YouTube, como el cantante, actor, bailarín y modelo canadiense Justin Bieber, que se convierte en una estrella internacional pocos meses después de publicar vídeos de su primera participación en un concurso de talentos (de canto) en YouTube para que sus familiares que no estaban allí pudieran verlos. Solo tiene 12 años y aprende solo a tocar el piano, la guitarra y la trompeta. El agente estadounidense Scooter Braun tropieza con algunos de sus vídeos de versiones de Chris Brown o Usher y logra ponerse en contacto con el joven artista emergente. Comienza desarrollando el contenido disponible en línea, grabado como si Justin estuviera solo en casa, con una cámara no profesional, para así seguir mostrando a sus fans que es uno de los suyos. Luego le presenta al rapero estadounidense Usher, que lo convierte en su protegido. Hoy, algunos de sus vídeos han sido vistos más de mil millones de veces, y mientras tanto el canadiense ha cantado en el Madison Square Garden, ha actuado para la fiesta de Nochevieja de Dick Clark en Las Vegas, y ha dado un concierto para la ex pareja presidencial estadounidense formada por Barack y Michelle Obama en Washington. Según la revista Forbes, habría ganado 80 millones de dólares en 2014.

El vídeo de *Gangnam Style* del cantante surcoreano Psy ostentó el título de vídeo en YouTube más visto durante 4 años, hasta que el *See You Again* de Wiz Khalifa lo desbancó el 10 de julio de 2017. Sin embargo, pasó poco menos de un mes para que se hiciera con el puesto Luis Fonsi con su canción *Despacito*, el 4 de agosto de 2017, convirtiéndose en el primer vídeo de YouTube que alcanza los 3000 millones de reproducciones en un solo día. A fecha de octubre de 2017, el videoclip *Despacito*, subido el 12 de enero de 2017, ha superado los 4000 millones de reproducciones.

DESARROLLO DE YOUTUBE

LA COMPRA POR PARTE DE GOOGLE

El comienzo de una revolución

El 9 de octubre de 2006, es decir, menos de dos años después del lanzamiento de la página web, Google compra YouTube por el módico precio de 1650 millones de dólares. En esa fecha, se suben 100 millones de vídeos a diario a la página web, siendo la mayor parte de ellos creados por los propios usuarios. Aunque sigue siendo una pequeña empresa con cerca de 60 empleados en sus oficinas centrales en California, YouTube es ahora el líder en la industria con alrededor del 46 % del mercado de vídeo en línea, cuatro veces más que la tienda de vídeo de Google lanzada en enero de 2006. Eric Schmidt, director ejecutivo de Google, comenta al respecto: «Esto no es más que el comienzo de una revolución del vídeo en internet» (citado por La Monica en CNN Money 2006).

Una ventaja para Google

Esta adquisición es una oportunidad para Google de ganar una ventaja en el mercado del vídeo en línea, altamente lucrativo y de rápido crecimiento, donde las redes sociales desempeñan un papel muy importante. Aunque la mayoría de los miles de millones de videoclips reproducidos cada año en continuo por el proveedor de servicios de internet estadounidense Yahoo son principalmente producciones profesionales, el grupo anuncia en septiembre de 2006 la adquisición de JumpCut, un editor de vídeo en línea, que debería permitir a todos los usuarios de internet convertirse en creadores de contenido. Al mismo tiempo, también circulan rumores sobre una posible compra de Facebook por parte del portal web.

La plataforma de blogs de Microsoft, MSN Spaces, es en ese momento la más utilizada en el mundo. No obstante, MSN Video tan solo consigue reunir a poco más del 5 % de la cuota de mercado. A finales de 2006, se lanza el servicio de vídeo compartido en línea Soapbox en MSN Video para competir con YouTube. Sin embargo, la política de este sitio web es mucho más estricta: la distribución de contenidos protegidos por derechos de autor no está permitida y resulta automáticamente en su eliminación.

A LA CONQUISTA DEL UNIVERSO

Una ventana al mundo

Al crear una herramienta para compartir contenido accesible a todos, los tres fundadores de YouTube consiguen que la comunicación entre internautas del mundo entero sea prácticamente inmediata. Por ejemplo, ahora basta un clic para descubrirlo todo sobre la vida de los islandeses explicada por ellos mismos.

Para fomentar la participación en la vida del sitio web se desarrollan versiones locales para cada país. A partir de 2007, la página prepara una ofensiva hacia Europa, con Francia como punto de aterrizaje estratégico. En Francia, la plataforma compite con Dailymotion —creada en marzo de 2005 por los franceses Benjamin Bejbaum y Olivier Poitrey—, que es el primer sitio web gratuito del mundo en el que es posible alojar, compartir y visionar vídeos. En Francia, los dos sitios web reúnen más de cinco millones de visitantes únicos cada mes y crecen a un ritmo casi idéntico, motivo por el que YouTube desea lanzar una versión francófona de su sitio web.

Ese año también se desarrollan versiones locales de YouTube en el Reino Unido, Brasil, Irlanda, España, Italia, Japón, Polonia y los Países Bajos. Conscientes de que las comunidades lingüísticas se extienden más allá de un territorio definido, los creadores del sitio web también permiten a partir de 2008 elegir tu idioma independiente-mente de la versión que utilices.

Diversificación de contenidos y audiencias

- Enero de 2008: lanzamiento de la versión móvil del sitio web. Para 2015, el 50 % del contenido se visualiza en dispositivos móviles.
- Diciembre de 2008: al principio, YouTube es una plataforma a la que se suben vídeos realizados en casa por aficionados, pero a principios de año se pasa a la alta definición (HD). El 2015, el 10 % de los vídeos estaban disponibles en HD.
- Enero de 2009: el Congreso de los Estados Unidos lanza su propio canal oficial en YouTube, imitado un mes después por el Vaticano.
- Enero de 2010: YouTube lanza su propio servicio de *Video On Demand* (VOD), siguiendo

los pasos de Netflix (fundada en 1997), que ofrece vídeo a la carta por suscripción, y de Apple, activo en el campo del VOD desde 2005 a través del iTunes Video Store. A través de la página web se pueden alquilar películas de Disney, Paramount, Sony, Warner Bros o NBC/Universal.

- Enero de 2011: cada minuto se publican más de 400 tuits con un enlace a YouTube, mientras que a través de Facebook se visualizan 150 años de vídeos de YouTube al día.

- Abril de 2011: ahora es posible seguir eventos en directo con YouTube Live, un servicio que cubre conciertos, los Juegos Olímpicos y noticias puntuales de gran relevancia, como la boda real británica de Guillermo y Kate, que atrajo una audiencia de 72 millones de espectadores a la emisión en continuo en la plataforma.

VALOR COMPARTIDO

Unos patrones de distribución distintos a los tradicionales

Aunque la razón de ser de YouTube es permitir que los usuarios de internet transmitan su contenido de vídeo *amateur*, los canales y las etiquetas de televisión se apresuran a considerarlo como una plataforma de distribución masiva multicanal sobre la que crear futuras tendencias virales. El grupo audiovisual norteamericano NBC, que había pedido a YouTube en febrero de 2006 que retirara un vídeo del programa Saturday Night Live titulado «Lazy Sunday», llega finalmente a un acuerdo con el sitio web 4 meses después: YouTube debe ayudar a la empresa estadounidense a entrar en una nueva era digital. Aunque la denuncia inicial ya coloca a YouTube en el punto de mira durante varias semanas, el compromiso final marca el inicio de varios acuerdos con los principales grupos de medios de comunicación.

En marzo de 2007, Viacom, el gigante estadounidense de los medios de comunicación, que incluye a MTV y Paramount Pictures, interpone una demanda judicial contra Google y YouTube por falsificación masiva e intencionada de contenidos que le pertenecían, lo que representa nada menos que 160 000 vídeos vistos casi 1500 millones de veces.

> «YouTube es una estructura cuyo modelo lucrativo se basa en explotar la devoción de los fans sobre un contenido que es propiedad de terceros

con el fin de enriquecerse a sí mismo y a su empresa matriz, Google. Este modelo de negocio, basado en el tráfico de internet y en la venta de publicidad basada en contenidos no autorizados, es claramente ilegal. De ninguna manera pueden YouTube y Google seguir disfrutando de los frutos de nuestro esfuerzo sin permiso, a la vez que destruyen los enormes valores de este proceso. Es un valor que pertenece a los autores, directores creativos y talentos creadores, y a empresas como Viacom que han invertido en hacer posibles estas innovaciones y creatividad» (citado por Rees en Nextinpact 2008).

Verificación de contenidos

El programa de verificación de contenidos de YouTube, lanzado en octubre de 2007, permite a cualquier usuario buscar los vídeos que cree que cometen una infracción en materia de derechos de autor y pedir su eliminación. En la práctica, los titulares de derechos de explotación alimentan una base de datos sobre contenidos protegidos, que se compara con los vídeos publicados en línea. Cuando se establecen correspondencias, los titulares de derechos pueden optar por apagar el sonido de su contenido de audio, bloquear un vídeo, monetizar la visualización de ese vídeo a través de la publicidad y/o monitorizar sus estadísticas de visualización.

Reparto de los ingresos

Muchos grupos de comunicación han seguido los pasos de la NBC y han constituido asociaciones con YouTube. Destaca el caso de la cadena de televisión estadounidense CBS y de los sellos discográficos Sony BMG Entertainment y Universal Music Group. Además, muchos canales emplean el Programa de socios de Youtube.

Para los productores, pedir al sitio web que elimine el contenido protegido significa restringir su distribución, su audiencia y obstaculizar a sus fans, la mayoría de los cuales no intenta piratear sus creaciones o ganar dinero explotándolas ilegalmente. Al integrar el programa, los medios de comunicación participan en la transformación tecnológica hacia la era digital y generan ingresos por la explotación de sus contenidos en línea. En lo que a la página web se refiere, resulta imposible monetizar vídeos sin el acuerdo de los titulares de los derechos. Por lo tanto, cada vídeo verificado a través del programa de verificación de contenido es para YouTube una nueva manera de conseguir beneficios, ya que los titulares de derechos optan, en el 90 % de los casos, por la monetización en lugar de la eliminación.

Por tanto, se trata de una herramienta sensata que proporciona a los profesionales nuevas maneras para comunicarse. El editor de videojuegos Electronic Arts llega incluso a animar a los internautas a poner en línea criaturas originales para su juego «Spore», que se pone en venta en España en 2008. Se suben a YouTube más de 100 000 vídeos, lo que permite al editor generar ingresos significativos a través del Programa de socios, mientras que se beneficia de una gran promoción para el lanzamiento del juego.

En mayo de 2007, YouTube abre el Programa de socios a particulares que crean contenido original en la plataforma y fidelizan una importante audiencia. Lo que entonces era una afición para millones de usuarios de internet —grabarse con su cámara web en su dormitorio— se convierte en una forma real de ganarse la vida. En menos de dos años, las ganancias obtenidas por Michael Buckley, autoproclamado presentador de un espectáculo de comedia en línea, superan con creces su salario como asistente administrativo para Live Nation, el famoso promotor de espectáculos. Deja su trabajo para dedicarse a tiempo completo a su programa *What the Buck?*, que atrae a entre 200 000 y un millón de fans dependiendo de los episodios y que rápidamente le hace ganar más de 100 000 dólares en ingresos publicitarios.

YOUTUBE EN LA ACTUALIDAD

CAMBIO DE MODELO ECONÓMICO

En el jugoso mercado de la emisión en continuo

Actualmente, la emisión en continuo es tendencia. La clave radica en la oferta de un amplio rango de contenido que incluye tanto música como vídeo. El mercado del *streaming* musical, dominado durante años por Spotify, se ha transformado con la irrupción de los gigantes de internet.

Aunque el imperio de Apple se construye en torno a la descarga de música (iPod, iTunes, etc.), la compañía cambia poco a poco su rumbo. Tras la compra de Beats by Dr. Dre por más de 2000 millones de euros en 2014, Apple vende ahora estos auriculares bajo su marca y ha integrado un servicio de *streaming*, Beats Music, en el suyo propio. Ahora, Apple Music cuenta con 30 millones de usuarios en todo el mundo, siendo así la principal competencia de Spotify.

En 2014, el gigante estadounidense de la venta en línea Amazon anuncia la adición de la emisión en continuo a su oferta *premium*: los suscriptores de los Estados Unidos, Reino Unido y Alemania tienen ahora acceso gratuito a los libros electrónicos, a las películas y a las series de Amazon Prime en *streaming*, además de a un millón de canciones. Claramente, el objetivo no es revolucionar el mercado, sino atraer a aún más usuarios al entorno amazónico para así vender más.

En esta carrera por conseguir suscriptores, YouTube está varios pasos por delante. En 2015, la plataforma atrae a más de mil millones de usuarios únicos al mes, de los cuales el 60 % utiliza el sitio web para escuchar música, alcanzando el 90 % entre los 12-24 años de edad, según un estudio realizado por Edison Research, lo que la convierte en un medio esencial para la distribución de música en línea. En el exitoso desfile de los mayores éxitos de la plataforma, nueve de cada diez vídeos son videoclips.

Hacia una oferta de pago

A partir de 2014, Google anuncia la creación de un servicio de transmisión de música con vídeo adicional. Separando los videoclips de otros vídeos, el sitio planea establecer una oferta *freemium* a dos velocidades en YouTube: un servicio gratuito financiado por publicidad y una suscripción de pago (*premium*). Finalmente se lanza YouTube Red, una oferta global de música y vídeo, en los Estados Unidos a finales de octubre de 2015, antes de ser llevado a otros 4 países (México, Australia, Nueva Zelanda y Corea del Sur) en 2016. La suscripción cuesta 9,99 dólares al mes y permite acceder al contenido de la plataforma sin anuncios, guardar vídeos o música en su dispositivo móvil o fijo para su reproducción fuera de línea o sin tenerlos en pantalla a través de la aplicación YouTube Music, o ver series que solo son accesibles a los suscriptores. El 55 % de los ingresos por suscripción se les paga directamente a los creadores.

PERSPECTIVAS DE FUTURO

La época dorada del vídeo a la carta

Aunque YouTube Red se coloca como un posible rival de Netflix –el gigante estadounidense que domina el mercado del vídeo a la carta gracias a un amplísimo catálogo de contenido original a disposición de sus suscriptores—, hasta ahora se ha venido concentrando en un reducido número de películas y de series producidas y protagonizadas por los «youtubers» más populares. El primer contenido original que se lanza en YouTube Red es *Lazer Team*, una película cómica de ciencia ficción producida por Rooster Teeth, una productora estadounidense que se encuentra en el origen de la creación de una página web de series basada en un videojuego en 2003, *Red vs. Blue*. Aunque en un principio su contenido está exclusivamente disponible a través de la página web de la propia compañía, en 2014 Rooster Teeth se acaba convirtiendo en un miembro de YouTube. *Lazer Team* se lanza el 27 de enero del 2016. Dos semanas más tarde le toca el turno a *Scare PewDiePie*, una serie en la que el popular youtuber sueco Felix Kjellberg (más conocido por su nombre artístico PewDiePie) visita sets basados en los videojuegos de terror que sus 57 millones de suscriptores le ven jugar y los comenta en vídeos que sube a su canal. En la actualidad, es el que cuenta con más suscriptores en todo el universo de YouTube. A fecha de octubre de 2017, YouTube Red ha lanzado unas 20 series y 17 películas originales, la mayoría comedias y documentales. Al otro lado se encuentra Netflix —que comienza a publicar contenido original en 2013— que lanza unas 126 series o películas originales solo en 2016.

Sin embargo, algunos se preguntan si realmente merece la pena pagar por el contenido que ofrecen. El periodista Richard Lawson no tiene pelos en la lengua al escribir su artículo «Did YouTube Just Ruin YouTube?» («¿YouTube acaba de arruinar YouTube?»), que se publica en *Vanity Fair* en octubre de 2015. En él, declara que «los vídeos de YouTube son, por lo general, pura basura. Pero los vemos porque son basura gratis. ¡Y nos encantan las cosas gratis!» (Lawson 2015).

A finales de 2016, YouTube Red afirma que cuenta con 1,5 millones de suscriptores; sin embargo, a partir de ese momento los ejecutivos se niegan a ofrecer cifras más actualizadas. Parece claro que el mayor reto de la página web en los próximos meses y años será convencer a sus usuarios de que paguen por un servicio de mayor calidad, a pesar de que la anterior ausencia de tarifas es una de sus principales atracciones. Por lo tanto, no es de extrañar que el *Wall Street Journal* haya informado que YouTube ha hecho propuestas a los estudios de Hollywood y las principales productoras con respecto a posibles asociaciones. Según un estudio llevado a cabo en 64 países por la consultora estadounidense Digital TV Research, el futuro de la plataforma puede ser brillante, ya que los ingresos totales del sector del vídeo en línea en continuo se estiman en 26 000 millones de dólares en 2015, y se espera que crezcan a más de 51 000 millones de dólares para 2020. En este contexto, es lógico que la red de compartición de vídeo más grande de internet quiera reclamar una porción considerable del pastel.

Productos relacionados

Según WebRankInfo, gracias a su Programa de socios, el número de canales de YouTube que genera ingresos en el mundo en 2015 supera el millón. Y todos los soportes, incluso el tradicional papel y tinta, son buenos para retransmitir y monetizar estos vlogs, convertidos en verdaderas marcas. En 2014, al menos una docena de libros escritos por youtubers alcanzan las listas de superventas, y las cifras no dejan de aumentar. En una entrevista con *Mashable* en noviembre de 2015, Jeremie Ruby Strauss, editor senior de la imprenta Gallery Books de la editorial neoyorquina Simon and Schuster, explica: «Por lo general, la edición de libros es por naturaleza reacia a embarcarse en nuevos conceptos antes de que hayan demostrado su valía, momento en el que aparece una carrera hacia la adquisición —a menudo cuando ya es demasiado tarde—» (Hamedy y Franklin 2015).

La ventaja con la que cuentan los vloggers es que el concepto ya ha sido intentado, probado y aprobado por sus miles (millones) de seguidores abonados. Como resultado, las estrellas de YouTube Miranda Sings, Tyler Oakley, PewDiePie y Dan & Phil llegan a la lista de superventas del *New York Times*, marcando el advenimiento de un nuevo género en la industria del libro.

RESUMEN

- YouTube es una plataforma para compartir vídeos en línea creada en 2005 por tres antiguos empleados de PayPal. Hoy en día, cuenta con un promedio de mil millones de horas de contenido visto al día, y representa el 4 % de las páginas web visitadas por los internautas a nivel global.
- El sitio web se crea con el objetivo de dar a todos los internautas la oportunidad de crear, ver y compartir vídeos de forma gratuita sin tener que dominar la codificación HTML o descargar un programa específico. Es tan simple como encender la televisión, con la diferencia de que puedes acceder a contenido de todo el mundo, sobre todo tipo de temas, y que este contenido está disponible de forma gratuita y a la carta.
- Para los profesionales, YouTube también es una poderosa manera de comunicarse con un público más amplio, y ha acelerado la llegada al estrellato de varios creadores de vídeo *amateurs*. Un ejemplo destacado de una celebridad

que nace de YouTube es la estrella del pop canadiense Justin Bieber.

- Menos de dos años después de su lanzamiento, el sitio web es adquirido por Google por la modesta suma de 1650 millones de dólares.

- Después de ser acusado de beneficiarse ilegalmente de contenido con licencia *copyright*, YouTube comienza a utilizar el programa de verificación de contenido a partir de 2007, lo que abre las puertas a varias asociaciones detentoras de derechos de autor para que ambas partes puedan beneficiarse de los ingresos publicitarios. Poco después, el Programa de socios se abre a los creadores de contenido aficionados. A pesar de que procuran no revelar los beneficios obtenidos por sus diversos socios, sabemos que entre 2007 y 2014 reciben mil millones de dólares en total.

- El 60 % de los visitantes del sitio web utilizan YouTube para escuchar música, lo que le da a YouTube una amplia ventaja en el lucrativo mercado de la música en continuo. A finales de 2015, se lanza YouTube Red, un servicio de suscripción de pago que ofrece vídeo a la carta y música ilimitada sin publicidad, lo que demuestra el interés del sitio web por consolidar un modelo económico viable.

• Aunque los ingresos totales del mercado del vídeo y de la televisión en línea se estiman en 26 000 millones de dólares para 2015, y se espera que crezcan a más de 51 000 millones de dólares para 2020, YouTube tendrá que convencer a sus usuarios para suscribirse a un servicio de pago con el fin de mantener su posición como la plataforma de distribución de contenidos de vídeo en línea más importante de internet.

¡Tu opinión nos interesa!
¡Deja un comentario en la página web de tu
librería en línea,
y comparte tus favoritos en las redes sociales!

PARA IR MÁS ALLÁ

FUENTES BIBLIOGRÁFICAS

- Bausch, Suzy y Leilani Han. 2006. "Youtube U.S. Web Traffic Grows 75 Percent Week Over Week, According To Nielsen//Netratings". *Nielsen Online*. Julio. Consultado el 20 de diciembre de 2017. http://www.nielsen-online.com/pr/pr_060721_2.pdf

- Berg, Madeline. 2015. "The World's Highest-Paid YouTube Stars 2015". *Forbes*. 14 de octubre. Consultado el 20 de diciembre de 2017. https://www.forbes.com/sites/maddieberg/2015/10/14/the-worlds-highest-paid-youtube-stars-2015/

- Blogger, "L'histoire de Blogger". Consultado el 20 de diciembre de 2017. https://www.blogger.com/about

- Bonanos, Paul. 2014. "Happy Ninth Birthday YouTube: From 'Me at the Zoo' to a Billion Monthly Visits". *Billboard*. 23 de abril. Consultado el 20 de diciembre de 2017. http://www.billboard.com/articles/news/6062921/happy-ninth-birthday-you-tube-from-me-at-the-zoo-to-a-billion-monthly-visits

- Courtin, Sébastien. 2012. "7 chiffres clés pour les 7 ans de YouTube". *Gentside*. 22 de mayo de 2012.

Consultado el 20 de diciembre de 2017. http://
www.gentside.com/youtube/7-chiffres-cles-pour-
les-7-ans-de-youtube_art40721.html

- Cuny, Delphine. 2015. "YouTube Music, Apple
Music, Qobuz: comprendre la jungle du streaming". *L'Obs.* 25 de novembre de 2015. Consultado
el 20 de diciembre de 2017. http://rue89.nouvel-
obs.com/2015/11/25/youtube-music-apple-mu-
sic-qobuz-comprendre-jungle-streaming-262081

- Drehs, Wayne. 2015. "How PewDiePie
gamed the world". *ESPN Magazine.* 11 de junio.
Consultado el 20 de diciembre de 2017. http://
espn.go.com/espn/story/_/id/13013936/
pewdiepie-how-became-king-youtube

- Duffez, Oliver. 2012. "Plein de chiffres incroyables
sur YouTube (2015)". *WebRankInfo.* 19 de
noviembre. Consultado el 20 de diciembre de 2017.
http://www.webrankinfo.com/dossiers/youtube/
chiffres-statistiques

- Dumout, Estelle. "CES 2006 – Vidéo à la demande
et pack logiciel en téléchargement chez Google".
ZDnet. 9 de enero. Consultado el 20 de diciembre
de 2017. http://www.zdnet.fr/actualites/ces-2006-
video-a-la-demande-et-pack-logiciel-en-telechar-
gement-chez-google-39301598.htm

- Forbes. The World's Highest-Paid Celebrities,
"Justin Bieber", 2014. Consultado el 20 de diciembre de 2017. https://www.forbes.com/profile/
justin-bieber/

• Fredouelle, Aude. 2013. "Benjamin Bejbaum: jeune
  provocateur, ex-CEO de Dailymotion". *Le Journal
  du Net*. 9 de julio. Consultado el 20 de diciembre
  de 2017. http://www.journaldunet.com/ebusiness/
  le-net/benjamin-bejbaum-benjamin-bejbaum-bio-
  graphie.shtml

• Fried, Ina. 2009. "Microsoft gives up YouTube
  chase". *CNet*. 17 de junio. Consultado el 20 de
  diciembre de 2017. http://www.cnet.com/news/
  microsoft-gives-up-youtube-chase/

• Gavois, Sébastien. 2015. "YouTube Red: tout ce qu'il
  faut savoir de l'offre sans publicité". *Nextinpact*.
  30 de octubre. Consultado el 20 de diciembre de
  2017. http://www.nextinpact.com/NEWS/97095-
  YOUTUBE-RED-TOUT-CE-QUIL-FAUT-SAVOIR-
  OFFRE-SANS-PUBLICITE.HTM

• Gillmor, Dan. 2003. "Google Buys Pyra: Blogging
  Goes Big-Time". *Silicon Valley*. 15 de febrero.
  Consultado el 20 de diciembre de 2017. http://
  web.archive.org/web/20031008161432/http://
  weblog.siliconvalley.com/column/dangillmor/
  archives/000802.shtml

• Graham, Jefferson. "Video websites pop up,
  invite postings". *USA Today*. 21 de noviembre.
  Consultado el 20 de diciembre de 2017. http://
  usatoday30.usatoday.com/tech/news/techinnova-
  tions/2005-11-21-video-websites_x.htm

• Grenier, Frantz. "YouTube prépare son lancement
  en France et en Europe". *Le Journal du Net*. 13 de

junio. Consultado el 20 de diciembre de 2017. http://www.journaldunet.com/ebusiness/internet/actualite/0706/070613-youtube-se-lance-en-france-et-en-europe.shtml

- Gresh, Karen. 2007. "The YouTube Guy (streaming)". *IUP Magazine*. Consultado el 20 diciembre de 2017. http://www.iup.edu/UPPER.ASPX?ID=51139

- Guinness World Records, "Most consecutive daily personal video blogs posted on YouTube". Consultado el 20 de diciembre de 2017. http://www.guinnessworldrecords.com/world-records/most-consecutive-daily-personal-video-blogs-posted-on-youtube/

- Hamedy, Saba y MJ Franklin. 2015. "From Small Screens To Bookshelves". *Mashable*. Noviembre. Consultado el 20 de diciembre de 2017. http://mashable.com/2015/11/12/youtube-books-stream-con/#NvacQKnQqkqk

- Hau, Louis y Rachel Rosmarin. 2006. "Why Buy YouTube? Why Not?". *Forbes*. 6 de octubre. Consultado el 20 de diciembre de 2017. https://www.forbes.com/2006/10/06/youtube-google-video-tech-media-cx_lh_rr_1006google.html#5d79f5f31099

- Hoffman, Jan. 2015. "Justin Bieber Is Living The Dream". *The New York Times*. 31 de diciembre. Consultado el 20 de diciembre de 2017. http://www.nytimes.com/2010/01/03/fashion/03bieber.html?_r=0

- Homonoff, Howard. 2015. "YouTube Goes 'Over the Top'; Who Will Follow?". *Forbes*. 27 de octubre. Consultado el 20 de diciembre de 2017. https://www.forbes.com/sites/howardhomonoff/2015/10/27/youtube-goes-over-the-top-who-will-follow/#5603a79971a2

- Hopkins, Jim. 2006. "Surprise! There's a third YouTube co-founder". *USA Today*. 10 de noviembre. Consultado el 20 de diciembre de 2017. http://usatoday30.usatoday.com/tech/news/2006-10-11-youtube-karim_x.htm

- Kosoff, Maya. 2015. "This is the first YouTube video ever uploaded — it was posted 10 years ago today". *Business Insider UK*. 23 de abril. Consultado el 20 de diciembre de 2017. http://uk.businessinsider.com/first-youtube-video-2015-4?r=US&IR=T

- Krazit, Tom. 2006. "Google officialise le rachat de YouTube". *ZDNet*. 10 de octubre. Consultado el 20 de diciembre de 2017. http://www.zdnet.fr/actualites/google-officialise-le-rachat-de-youtube-39363922.htm

- L'Express. 2015. "Youtube fête ses 10 ans". *L'Express*. 15 de febrero. Consultado el 20 de diciembre de 2017. http://lexpansion.lexpress.fr/high-tech/videos-les-10-ans-de-youtube-en-10-videos-memorables_1651648.html

- La Monica, Paul R. 2016. "Google to buy YouTube for $1.65 billion". *CNN Money*. 9 de octubre. Consultado el 20 de diciembre de 2017. http://

money.cnn.com/2006/10/09/technology/google-youtube_deal/index.htm?cnn=yes

- Lawson, Richard. 2015. "Did YouTube Just Ruin YouTube? *Vanity Fair.* 23 de octubre. Consultado el 20 de diciembre de 2017. http://www.vanityfair.com/culture/2015/10/youtube-digest-october-23

- Madelaine, Nicolas. 2015. "Apple Music a déjà dépassé Deezer avec 6,5 millions d'abonnés payants". *Les Échos.* 20 de octubre. Consultado el 20 de diciembre de 2017. http://www.lesechos.fr/tech-medias/hightech/021417632979-apple-music-a-deja-depasse-deezer-1167351.php

- Marin, Jérôme. 2015. "Face à Spotify et Apple Music, Youtube lance une offre musicale". *Le Monde.* 13 de noviembre. Consultado el 20 de diciembre de 2017. http://siliconvalley.blog.lemonde.fr/2015/11/13/face-a-spotify-et-apple-music-youtube-lance-une-offre-musicale/

- Moscaritolo, Angela. 2013. "YouTube Founders Launch New Video-Sharing App MixBit". *PC Mag.* 8 de agosto. Consultado el 20 de diciembre de 2017. http://www.pcmag.com/article2/0,2817,2422849,00.asp

- O'Neill, Megan. 2010. "5 Ways YouTube Has Changed The World Forever". *Adweek.* 8 de noviembre. Consultado el 20 de diciembre de 2017. http://www.adweek.com/socialtimes/youtube-changed-the-world/27206

- Pillou, Jean-François. 2015. "HTML – Langage". *Comment ça marche.* Noviembre. Consultado el 1 de diciembre de 2015. http://www.commentca-marche.net/contents/498-html-langage

- Rauline, Nicolas. "YouTube débarque à son tour sur le marché de la musique". *Les Échos.* 12 de noviembre. Consultado el 1 de diciembre de 2015. http://www.lesechos.fr/tech-medias/medias/021473263765-youtube-debarque-a-son-tour-sur-le-marche-de-la-musique-1174617.php

- Rees, Marc. 2008. "Viacom autorisée à éplucher les logs des vidéos de YouTube". *Nextinpact.* 4 de julio. Consultado el 20 de diciembre de 2017. http://www.nextinpact.com/archive/44607-viacom-goo-gle-youtube-mtv-logs.htm

- Richaud, Nicolas y Nicolas Madelaine. 2015. "YouTube sur les pas de Netflix". *Les Échos*, 4 de diciembre. Consultado el 20 de diciembre de 2017. http://www.lesechos.fr/journal20151204/lec2_high_tech_et_medias/021530652870-youtu-be-sur-les-pas-de-netflix-1181495.php

- Setra. 2015. "YouTube Red, le nouvel abonnement qui devrait inquiéter Netflix et Spotify". *Presse Citron.* 22 de octubre. Consultado el 20 de diciembre de 2017. http://www.presse-citron.net/youtube-red-le-nouvel-abonnement-qui-de-vrait-inquieter-netflix-et-spotify/

- Stelter, Brian. 2008. "Some Media Companies Choose to Profit From Pirated YouTube Clips".

The New York Times. 15 de agosto. Consultado el 20 de diciembre de 2017. http://www.nytimes.com/2008/08/16/technology/16tube.html

- Stelter, Brian. 2018. "YouTube Videos Pull In Real Money". *The New York Times*. 11 de diciembre. Consultado el 20 de diciembre de 2017. http://www.nytimes.com/2008/12/11/business/media/11youtube.html?_r=0

- Sud Ouest. 2015. "YouTube: dix ans d'existence et des vidéos devenues mythiques". *Sud Ouest*. 14 de febrero. Consultado el 20 de diciembre de 2017. http://www.sudouest.fr/2015/02/14/youtube-dix-ans-d-existence-et-des-videos-devenues-mythiques-1830767-4803.php

- Wakabayashi, Daisuke. "Apple CEO Tim Cook: Apple Music Has 15 Million Users". *The Wall Street Journal*. 20 de octubre. Consultado el 20 de diciembre de 2017. http://www.wsj.com/articles/apple-ceo-tim-cook-apple-music-has-15-million-users-1445319068

- Woitier, Chloé. 2013. "Les internautes français préfèrent écouter de la musique sur YouTube". *Le Figaro*. 25 de septiembre. Consultado el 20 de diciembre de 2017. http://www.lefigaro.fr/secteur/high-tech/2013/09/25/32001-20130925ART-FIG00071-les-internautes-francais-preferent-ecouter-de-la-musique-sur-youtube.php

FUENTES COMPLEMENTARIAS

- Ayuda de YouTube, "Cómo funciona Content ID". Consultado el 20 de diciembre de 2017. https://support.google.com/youtube/answer/2797370?hl=es-419

- Ayuda de YouTube, "Descripción general del Programa de socios de Youtube". Consultado el 20 de diciembre de 2017. https://support.google.com/youtube/answer/72851?hl=fr

- Comunicados de prensa en la página web de Google. Consultado el 20 de diciembre de 2017. http://googlepress.blogspot.fr/2006/10/google-to-acquire-youtube-for-165_09.html

- Glosario de la Compagnie nationale des conseils en propriété industrielle (CNCPI). Consultado el 20 de diciembre de 2017. http://www.cncpi.fr/LEX--lexique-C-Copyright+(Droit+de+reproduction+r%C3%A9serv%C3%A9)-abecedaire-propriete-industrielle.htm

- Guinness World Records, "Most consecutive daily personal video blogs posted on YouTube". Consultado el 20 de diciembre de 2017. http://www.guinnessworldrecords.com/world-records/most-consecutive-daily-personal-video-blogs-posted-on-youtube/

- YouTube, "YouTube para la prensa". Consultado el 20 de diciembre de 2017. http://www.youtube.com/yt/press/statistics.html

- YouTube. Blog oficial en español. Consultado el 20 de diciembre de 2017. https://youtube-espanol.googleblog.com/

ISBN ebook: 9782806299833

ISBN papel: 9782806299840

Depósito legal: D/2017/12603/402

Libro realizado por Primento, el socio digital de los editores